AF194861

pit vogt

Meer der Stürme

Gedichte

Idee, Design & Layout: Pit Vogt

Alle Texte sind frei erfunden

<u>*Impressum*</u>

Herstellung und Verlag:
BoD - Books on Demand, Norderstedt
ISBN 978-3-7534-9738-9

Blizzard

Schwer sind die Schritte,
Schwer die Sinne
Ein Sturm fegt über Wies' und Feld
Was ich auch immer tu und spinne
Verworren das, was ich gewinne
Kein Sommer mehr, der ewig hält

Ich stapf durch hohe weiße Dünen
Am Horizont ist nichts zu sehn
Ich träum von Wiesen, ach, so grünen
Von sommerlichen summend Bienen
Und bleib doch hin und wieder stehn

Ein Echo hallt um meine Ohren
Wer ist's, der mich hier lautstark ruft
Wohl scheint mein ganzer Kopf gefroren
Ich fühl mich schlecht und so verloren
in meiner dicken Winterkluft

Doch ist da niemand, nur mein Schatten
Verweht vom Sturm, schon nicht mehr da
Und hinter mir so drei vier Ratten,
die wohl wie ich auch keinen hatten,
die mich gerufen, ziemlich klar

So zieh ich weiter durch die Steppe
Der Blizzard ist so stark wie nie
Auf meiner Brust die Jesuskette
Und hinter mir die weiße Schleppe
Es schmerzt der Kopf, der Leib, das Knie

Kein Haus, kein Hof, nur tiefes Schweigen
Die Macht des Sturms wirft mich zurück
So gern würd ich mir selbst was zeigen
Vielleicht mich auch vor Gott verneigen
Jedoch gibt's hier davon kein Stück

Verbotene Ängste in mir schütteln
Der Waldesrand scheint noch so weit
Wohl will der Sturm mich niederknüppeln
Vereiste Fäuste an mir rütteln
Und ich bin gar nicht mehr gescheit

Im Schweiße jener Fieberträume
zerbröselt alle Hoffnung schon
Da, dieser Wald, die lila Bäume
Ich schrei, dass ich sie nicht versäume
Erreich sie nicht, was für ein Hohn

Ich lieg im Schnee, verweht die Spuren,
die ich gesetzt vor kurzem noch
Der Blizzard streicht wie tausend Huren
hart über mich
Es stehn die Uhren
Ich fall und fall ins tiefste Loch

Und bin schon wieder fortgegangen
Nur immer weiter geradeaus
Ob da was Neues angefangen
Verklärtes Bild längst abgehangen
Im Schneesturm endets wie ein Graus

Am zugefrorenen Teich des Todes
halt ich kurz an und denke nach
Verspeis den Rest des harten Brotes
Die Kälte nagt, ist gar nichts Frohes,
hält mich am Orte schwer in Schach

Doch weiter geht die weite Reise
Der Blizzard treibt mich arg voran
Ein Klagelied, mal laut mal leise
Ich träum von mancher Frühlingsweise
Und ziehe weiter, halt nicht an

Verwirrte Träume drohn behände
Die Nacht bricht in den schweren Sturm
Ins Leere greifen meine Hände
Hoff, dass die Kraft ich nicht verschwände
Und gleiche einem Regenwurm

Und bin schon wieder fortgegangen
Durch Schnee und Eis, mein Lebensweg
Für immer in manch Traum gefangen
Den Blizzard dennoch durchgestanden
Zieh hin, wo meine Sonne steht

Blizzard

Sie fragte ihn:
Wo willst du hin
Erstarrt sah er ihr ins Gesicht
Es hatte wohl auch keinen Sinn
Er wollte fort
Egal
Wohin
Und trübe schien das Kerzenlicht

Er zog sich an,
Lief schnell hinaus
Ein Schneesturm kühlte sein Gesicht
Im Eiswirbel nicht Mann,
Nicht Maus
Es war so kalt,
Ein wahrer Graus
Am kleinen Bahnhof brannte Licht

Auf Bahnsteig 3
Stand noch ein Zug
Der Schnee verwirbelte die Zeit
Ein Alptraum
Oder
Selbstbetrug
Vom Alltag hatte er genug
Für eine Nacht
Vom Zwang befreit

Ein junger Mann mit schwarzem Schal
Kam auf ihn zu,
Umarmte ihn
Sie sahen sich das erste Mal
Und küssten sich ganz ohne
Qual
Und plötzlich machte alles Sinn

Vom Schneegestöber eingehüllt
Da liebten sie sich
Heftig, heiß
Manch' ferner Traum schien da erfüllt
Ein Liebesbrief
Im Schnee zerknüllt
Die Liebe schmolz die Nacht,
Das Eis

Bleibst du bei mir – so fragte er
Der andere Mann blieb still und
Schwieg
Noch einen Kuss,
Der leicht und
Schwer
Dann war der Bahnsteig menschenleer
Und niemand aus dem Zug mehr stieg

Der Schneesturm fauchte dumm und
Klug
Der Zug fuhr ab
Ins Nirgendwo
War alles nur ein Selbstbetrug
Wenn man vom Alltag hat genug
Gibt's Leben nur im
Anderswo

Er schlug den Kragen hoch und ging
Ihm war nicht kalt
Auf Bahnsteig 3
Der Schneesturm sich im Nichts verfing
Ein bisschen Liebe nur,
Ein Sinn
So vieles scheint oft
Einerlei

Noch einmal drehte er sich um
Da war kein Zug,
Kein Mann,
Kein Kuss
Die Flocken wirbelten recht krumm
Er lief nach Hause
Lächelnd,
Stumm
Weil das so ist
Weil man's so
Muss
?

Vers

Tief im Wald
Die Spur im Schnee
Düsterness am Himmelszelt
Flockenwirbel
Überm See
In der Nacht noch
Heißer Tee
Winter liegt auf Wald, Stadt,
Feld

Weihnacht 2o2o

Schwer sind die Zeiten
Schwer, ach so schwer
Willst du noch bleiben
In jenen Zeiten
Ist's nicht zu leer

Dunkel die Tage
Trüb sind sie, trüb
Hohl scheint manch' Frage
Düster die Klage
Schlimmes geschieht

Einsam die Stunden
Still, viel zu still
Schmerzende Wunden
Schwarz gähnen Stunden
Sorg mich zu viel

Friedliche Wälder
Nirgends ein Reh
Frostige Felder
Machen mich älter
Eisiger See

Schlafende Städte
Überall Ruh
Abschiedsgrußmette
Wartende Städte
Schwer Schritt
Und Schuh

Eisige Zeiten
Kalt, viel zu kalt
Gott wird uns bleiben
Wärmt uns manch' Zeiten
Weihnacht kommt
Bald

Weihnachten 2o2o

Schwarz sind jene Tage
Einsamkeit schlägt hart
Ständig diese Frage:
Obs noch Gutes hat?

Tod streicht um manch' Hause
Keiner, der versteht
Fern von Mann und Mause
Nur der Sturm, der fegt

Krankheit droht tagtäglich
Auf der ganzen Welt
Alles scheint jetzt schädlich
Wenig hilft da Geld

Tränen tief im Herzen
Trauer in der Seel
Ohne Licht die Kerzen
Trocken Aug' und Kehl'

Hoffnung stirbt behände
Wo ist alle Kraft
Dass ich's wiederfände
Bis ich's mal geschafft

Alles scheint nur vage
Weiß nicht, ob's was wird
Draußen zieht manch' Klage
Bis mein Lachen stirbt

Muss die Menschen finden
In der Weihnachtsnacht
Trauer überwinden
Ja, dann ist's vollbracht

Nebelschwaden

Die Zeiten sind so schnell vergangen
Sie jagen einfach so davon
So viele sind von uns gegangen
Und Ängste um manch' Ecke bangen
Und hoch vom Himmel tönt nur Hohn

Im Nebel bleiche Angesichter
Die Städte liegen einsam, leer
Auf jedem Friedhof Kerzenlichter
Längst sind sie tot, die guten Dichter
Im Hirn ists öde, traurig, schwer

Die Jungen rennen noch und schreien
Die wissen nichts von Einsamkeit
Die wollen nicht zuhause bleiben
Die können noch nicht frieren, leiden
Die Jugend kennt noch keine Zeit

Doch ziehen Nebel träg, behände
Durch dunkle Straßen jeder Stadt
Sie lähmen jeden, alle Hände
Verbreiten sich bald im Gelände
Dort, wo es niemals Hoffnung hat

Sie packen dich in Herz und Seele
Sie töten uns, bevor man lebt
Sie trocknen aus so manche Kehle
Sie trauern nicht, weil ich mich quäle
Weil tief in uns das Alte klebt

Gar stärker schon manch' Nebelschwaden
Längst wabern sie ums Heimateck
Sie haben sich nicht eingeladen
Weil sie nie was zu geben haben
Sie legen sich auf jeden Dreck

Sie bringen trügerische Irre
Still legen sie sich auf die Zeit
Sie bringen Kälte, Abschied, Dürre
Sie machen alles Leben kirre
Sie schweigen stets in Dunkelheit

Trotz Nebel steht die Zeit nicht stille
Manch' ein Gesicht bleibt ewiglich
Da ist noch Hoffnung
Ist noch Wille
Nein, niemals bleibt die Nebelstille
Ist all dies Leben trügerisch

Falsche Freunde

Sie erzählen dir vom Segen
Von der Liebe,
Deinem Glück
Ach, du wirst wohl ewig leben
Lügner wollen dir was geben
Ihr Gequatsche ist nur Trick

Und sie lächeln schön zum Scheine
Grinsen frech ins Angesicht
Niemals bist du mehr alleine
Sagen sie
Doch nur zum Scheine
Nein, die Wahrheit gibt's da nicht

Und sie flunkern
Und sie lügen
Und sie schwindeln wirklich gut
Haben dir manch' Brief geschrieben
Doch es sind nur böse Lügen
Die filtrieren Gift ins Blut

Manch' ein Pfarrer will dir schmeicheln
Schleicht sich ins Vertrauen ein
Glaub nicht seinem üblen Heucheln
Irgendwann wird er dich meucheln
Dann lässt er dich schnell allein

Im TV spielt man betroffen
Ach, den Leuten geht's so schlecht
Sind die Kameras geschlossen
Wird gefeiert dort,
Gesoffen
Im TV scheint gar nichts echt

Überall gibs falsche Freunde
Diese Welt ist voll davon
Glaub nur fest an deine Träume
Lass die Lügner
Deren Schäume
Ehrlichkeit ward dann dein Lohn

Am Fluss

Das Wasser plätschert hell und klar
An seinen Ufern ruht die Stadt
Doch ists nicht so, wie es mal war
Nur rauscht dies Wasser hell und klar
Dort, wo es ein Verbrechen hat

Ein Mädchen liegt im Uferschlick
Es zählte gerade mal zwölf Jahr
Missbraucht,
Mit ängstlich trübem Blick
Liegts leblos da im Dreck,
Im Schlick
Es hatte langes, blondes Haar

Den Täter fasste man recht schnell
Ein Junge, zwanzig Jahre erst
Hier an dem Fluss, wo's Wasser hell
Hier, wo die Sonne warm und grell
Hat er's getan
Eiskalt, pervers

Er brachte jenes Mädchen um
Ein Mörder jetzt
Ich fass es nicht
Er war doch gar nicht mal so dumm
Sein Tag verlief nur selten krumm
Warum zerstörte er (s)ein Licht

Die Antwort find ich nimmermehr
Nur Schweigen klebt am Ufersaum
So manches Wort wiegt schwer,
So schwer
Im Kopf nur Trauer
Sonst ists leer
Vorbei die Hoffnung
Und manch' Traum

Längst schläft die Stadt
Längst ist es Nacht
Nein, nichts ist so, wie es einst war
Dort, wo der Mond am Ufer wacht
Hab ich mich auf den Weg gemacht
Und nur das Wasser plätschert klar

Meer der Stürme

Ganz weit am Meer wart´ ich oft lang
Ein Sturm schlägt mir in Aug und Hirn
Fühl mich gar wirr und ziemlich krank
Am ewgen Ufer eine Bank
Es schmerzt und fiebert mir die Stirn

Recht dunkel wird's und Regen peitscht
Gerbt tief sich ins Gesicht mir ein
Hat mir die Seel total zerfleischt
Ich höre, wie der Teufel kreischt
Ich möcht so gern im Gestern sein

So einsam war ich wohl noch nie
Und der Orkan zerzaust das Meer
Fall in den Sand
Auf schwache Knie
Ich weiß nicht weiter
Wo und wie
Das letzte Jahr wiegt noch so schwer

Verloren hab ich dich und mich
Da blieb kein Trost
Da bleibt kein Glück
Der Sturm pfeift heute fürchterlich
Selbst Hoffnung lässt mich jetzt im Stich
Verirrte Leere
Stück um Stück

Ich schrei das Meer, den Sturm laut an
„Komm, nimm mich mit! Nimm mich jetzt fort!"
Doch tobt und pfeift es nur sodann
Die Brandung krallt ein Stückchen Land
Der Strand ist heut ein Höllenort

Ich starr ins Nichts
Zum wilden Meer
Warum nur ist dies Leben so
In meinem Kopf bleibts öd und leer
Von nirgends kommt noch Hoffnung her
Und nirgendwo bin ich noch froh

So muss ich ziehen in die Welt
Muss leben mit der Einsamkeit
Ob ich je finde, was noch zählt
Vergessen kann ich nicht, was quält
Zum Licht flieh ich durch Dunkelheit

Am Deich

Der Wind verfängt sich in den Weiden
Zerkräuselt manchen Ufersaum
Ich möchte gehen
Will nicht bleiben
So anders sind die kalten Zeiten
Auf mancher Welle wiegt nur Schaum

Der Schnee vermischt sich mit dem Regen
Verkühlt die Seele mir behänd
Ich ruf um Hilfe
Will den Segen
Und will doch noch so Vieles geben
Doch hinterm Deich mein Nachen brennt

Noch ziehen triste dunkle Wolken
Versperren mir den rechten Weg
Ich fühl mich nicht mehr unbescholten
So vieles scheint nicht abgegolten
So manches Übel lächelt träg

Verschämt zieht Angst durch Herz und Sinne
Nichts scheint mehr richtig oder gut
Fast wie vom Biss der schwarzen Spinne
Verschwimmt mein Traum in Trauer-Minne
Lässt mir vom Brand nur heiße Glut

Da lichtet sich der Dunst, der Nebel
Ein letzter Tod
Ein letzter Schrei
Hoch überm Deich schwebt leis ein Segel
Zerbrochen endlich Hass und Säbel
Ich atme Hoffnung
Frisch und frei

Was bleibt

Was bleibt vom Leben, sag, was bleibt
Ein toter Körper irgendwo
Ein leblos kalter Menschenleib
Was bleibt von allem, sag, was bleibt
Wenn wir vergehen
Einfach so

Sie lag nur da, Blut im Gesicht
Dort auf dem Fußweg, vor dem Haus
Ein Körper im Laternenlicht
In einer Pfütze ihr Gesicht
Sieht so ein Lebensende aus

Ich kannte sie
Sie war ein Star
Vor vielen Jahren sah ich sie
Was immer auch geschehen war
So nebulös und nicht sehr klar
Vergessen fast schon irgendwie

Sie stürzte sich vom 6. Stock
Ein kurzer Weg nach langem Leid
Wer sagt noch was
Wer fragt nach Gott
Nach diesem Fall vom 6. Stock
Ein leblos kalter Frauenleib

Nur Worte in der Fernsehshow:
„Sie starb allein, wir trauern sehr"
Warum allein, warum nicht froh
Warum gestorben einfach so
Warum bleibt manches Leben leer

Man bracht sie fort vom Bürgersteig
Man wischte auch das Blut vom Stein
Vom sechsten Stock ists nicht sehr weit
Und mancher Sturz beginnt recht feig
Da will wohl niemand mutig sein

Längst ist sie fort aus jedem Blick
Die Menschen laufen schnell vorbei
Für einen kurzen Augenblick
Stand alles Leben still ein Stück
Ging bald vorbei im Einerlei

Was bleibt vom Leben irgendwann
Vielleicht ein Tod vom 6. Stock
Was ist, wenn man nicht leben kann
Wer denkt in dieser Welt schon dran
Bleibt dann am End ein letztes Wort

Zeit der Störche

Es war die Zeit der Störche, ach
Sie kehrten heim ins schöne Land
Zu jenem Haus mit rotem Dach
Am dichten Wald
Am schmalen Bach
Ein Wind verwehte leis den Sand

Dort lebte sie mit ihrem Sohn
Mit sehr viel Hoffnung, und auch Kraft
Ein Kinderlachen reichte schon
Ihr Kind, für sie der beste Lohn
Ja, auch im Job hat sie geschafft

Die Trennung lag schon lang zurück
Ihr Ehemann zog fort, weit fort
Sie suchte nach dem großen Glück
Wohl kehrt manch Traum nie mehr zurück
An diesen einsam schönen Ort

Doch eines Tags in süßer Nacht
Da dachte sie sehr lange nach
Sie wollte, dass die Sonne lacht
Nicht immer stark sein
Auch mal schwach
Sie lag bis Mitternachte wach

Sie zog die schönste Robe an
Fuhr in die Stadt zum Tanz im Schloss
Vielleicht gab's irgendwo ein Mann
Der einsam auch wie sie sodann
Der lebte nicht auf hohem Ross

Im Walzer drehte sie sich wild
Der Schampus schmeckte wirklich gut
Und Abendduft lag rosig mild
Auf ihrer Seele, ungekühlt
Ihr Herze schwamm in heißer Glut

Ein netter Herr im schwarzen Zwirn
Hofierte sie
Umwarb sie lieb
Der Sekt benebelte ihr Hirn
Der Fremde schien sie zu verwirrn
Ein heißer Kuss zur Soulmusik

In diesem Augenblick entschwand
Die Einsamkeit
Die Traurigkeit
Sie spürte seine starke Hand
Sie wär mit ihm davon gerannt
Sie spürte: endlich ist's soweit

Der Fremde buchte einen Flug
Für sich und sie, die neue Zeit
Nur fort, weit fort mit neuem Mut
Nie wieder Traurigkeit und Wut
Und endlich leben, so befreit

Doch da ertönt ihr Telefon,
Durchbrach die Seligkeit, manch Kuss
Ein schwerer Unfall mit dem Sohn
Sie rasten durch ein Feld von Mohn
Mit Flug und Küssen schien nun Schluss

Er fuhr sie bis zum Krankenhaus
Wie schnell zerbrach doch aller Traum
Wie sah's mit ihrem Sohne aus
Wieso nur jetzt solch Angst, solch Graus
Verzeihen konnte sie sich's kaum

Als sie den Kleinen liegen sah
In seinem Bettchen, schwach und krank
Da wusste sie, was wichtig war
Ganz plötzlich wurde es ihr klar:
Sie liebte Sohn und Haus und Land

Nie wollte sie woandershin
Es lief doch gut, so, wie es lief
Ihr Sohn, der echte Lebenssinn
Es war doch richtig und auch schön
Ganz leis sie seinen Namen rief

Der Fremde lächelte sie an
Und ging von ihr – zurück zur Nacht
Er war ein wirklich lieber Mann
Sie schaute ihm lang nach sodann
Und hat doch nicht mehr nachgedacht

Der Wind am offnen Fenster sang
Ein Lied von Trauer und von Glück
Sie hielt ganz fest vom Sohn die Hand
Und blieb im Haus, im Storchenland
Und hörte manchmal Soulmusik

Es war die Zeit der Störche, ach
Sie zogen fort ins ferne Land
Es blieb ein Haus mit rotem Dach
Am dichten Wald
Am schmalen Bach
Ein Wind verwehte leis den Sand

Sturm der Gezeiten

Am Ufersaum nur sanfte Wellen
Das Meer kommt leis und laut daher
Am Horizont, dem dunklen, hellen
Spür ich des Ozeanes Wellen
Und in mir drin wird's leicht und schwer

So einsam ist's an diesem Orte
Die Weite scheint unsagbar weit
Ich denke nur, ganz ohne Worte
An diesem magisch starren Orte
Und es zerrinnt mir Hoffnung, Zeit

Nur Möwen schreien mit dem Winde
Der sich in Sanddünen verliert
Ich hofft, dass ich die Welt verstünde
Doch sind da nur die kalten Winde
Und jener Strand, der schläft und friert

Ganz plötzlich dunkelt es behände
Und stürmisch wird's am Strande hier
Ich reib mir flugs die leeren Hände
Dass es bald wärmer wird behände
Und ich nicht einsam, alt erfrier

Das Wasser weicht dem Mond entgegen
Zieht sich zurück, weil Ebbe ist
Ich wollt ins Watt mich reglos legen
Doch schlägt der Sturm mir da entgegen
Und sagt, dass man mich längst vermisst

Da wird mir klar, ich sollt wohl gehen
Dorthin, wo ich was ändern mag
Das Meer sagt's laut, ich kann's verstehen
Ich sollt nach Hause schnellstens gehen
Bevor sie kommen, Flut und Tag

Jedoch liegt vor mir nur die Leere
Das Meer ist fort, ich weine leis
In meinem Herz die bittere Schwere
Und überall die lähmend Leere
Ganz langsam wird das Watt zu Eis

Laut schlägt erneut der Sturm zum Strande
Bringt bald das Meer, ich ahn es schon
Ganz nah an der Gezeiten Rande
Fragt keiner wohl nach Glück und Schande
Bleibt nur manch Schuld als letzter Hohn

So schlag ich hoch den warmen Kragen
Weiß plötzlich, dass ich leben will
Auf einmal gibt es keine Fragen
Ich schlag ihn hoch, den feinen Kragen
Und hinter mir rauschts laut und still

Die Muschel

Ich fand sie dort am langen Strand
Die große Muschel, ganz in weiß
Sie lag so einsam da im Sand
Die schöne Muschel dort am Strand
Und Sommer war es, schwül und heiß

Ich hob sie auf, hielt sie ans Ohr
Es rauschte so geheimnisvoll
Welch Engel sie wohl hier verlor
Ich hielt sie einfach nur ans Ohr
Und plötzlich fühlte ich mich wohl

Die Kinder sprangen um mich rum
Das Wasser kühlte, war so frisch
Die Muschel lag am Strand herum
Und Kinder sangen um mich rum
Und manchmal auch ein kleiner Fisch

Ich dacht, ob ich jetzt baden geh
Mal so ins Wasser, wärs nicht toll
Gar friedlich lag die wilde See
Ob ich vielleicht mal baden geh
Im Wasser wärs so wundervoll

Da sprach die Muschel lieb und leis:
„Du bist doch frei, los, spring´ ins Nass"
An jenem Strand, der lang und weiß,
War´s wunderschön und ziemlich heiß
Im Wasser hatte ich viel Spaß

Die Muschel nahm ich mit ins Meer
Und ließ sie frei, sie tauchte schnell
Der Tag fiel leicht mir, gar nicht schwer
Ich nahm die Muschel mit ins Meer
Und plötzlich ward manch Trübes hell

All jene Sorgen, tief in mir,
Die nahm die Muschel mit sich fort
Mir schien, sie lag für mich nur hier
Sie nahm die Nöte tief in mir
Verzauberte die Welt, den Ort

Fast wie ein Kind sang ich und sprang
Am Ufer her und wieder hin
Ich hör noch heut der Muschel Klang
Sie rauschte leis und lieb und lang
Sie gab mir neuen Lebenssinn

Ich fand sie da am Meeresstrand
Die weiße Muschel, groß und weiß
So manches Jahr zog übers Land
Ihr Rauschen blieb mir, da am Strand
Und Sommer war's, so schön und heiß

Intensivstation

Die Mutter liegt im Krankenhaus
Auf einer Intensivstation
Tief in mir drin sieht's düster aus
Die Mutter liegt im Krankenhaus
Ich lieb sie sehr
Ich bin ihr Sohn

Geh jeden Tag zu ihr dorthin
Dort scheint mir alles fremd, steril
Die Mama wollte nie dorthin
Und ich geh jeden Tag dorthin
Hoff auf ein Wunder, gar nicht viel

Die Apparate piepsen leis
Die Schläuche liegen überall
Der Kreislauf ist mal dünn, mal heiß
Ich weiß nicht mehr, was sonst ich weiß
Mein Leben ist in freiem Fall

Hab so viel Fragen in mir drin
Stell sie dem Arzt, der Schwester auch
Wie geht's nur weiter
Wo geht's hin
Tief hämmern Fragen in mir drin
In meinem Hirn zieht Angst und Rauch

So viel geht mir durch Mark und Sinn
Und durch mein Herz, das schmerzt so sehr
Geh jeden Tag zu ihr dorthin
Und weiß ansonsten nicht wohin
Ach, meine Seele wiegt so schwer

Manchmal spricht Mama leis ein Wort
Das ist so kostbar, wichtig, lieb
An diesem schwierig schweren Ort
Zählt jedes Streicheln, jedes Wort
Zählt mein Gebet, dass leise zieht

Die Schnabeltasse auf dem Tisch
Mit Wasser, Brei gefüllt nur halb
Ach Mama, warum trinkst du nicht
Ich halt die Tasse doch für dich
Kommst du nach Hause wieder – bald

Die Mutter ist im Krankenhaus
Auf einer Intensivstation
Mit meiner Hoffnung halt ich's aus
Bin jeden Tag im Krankenhaus
Ich lieb sie sehr
Ich bin ihr Sohn

Sehnsucht

Sehnsucht nach dem „*Nicht mehr da*"
Ferne Heimat – irgendwo
Alles da, doch nichts ist klar
Und ich friere einfach so

Damals, als wir flohen, ach
Da war Krieg, der Weg so lang
Nirgendwo ein Heimat-Dach
Tausend Ängste
Trauersang

Meine Heimat gibt's nicht mehr
Längst zerschossen und kaputt
Träume sind so endlos leer
Heimatliebe: *Tod und Schutt*

Tränenmeer am Oderstrand
Glogau einst so stolz und schön
Jene Heimat dort mal stand
Doch sie sollt im Krieg vergehn

Sehnsucht nach dem Heimatland
Tief im Herzen bleibt es mir
Nirgendwo ich Frieden fand
Nur die Ruh ist ewig hier

Ein Schicksal

Es hat geklingelt ziemlich früh
Leis öffnete die Türe sie
Die Kinder schliefen noch ganz fest
Im Haus vorm Wald, beim Vogelnest

Die Polizei hat nicht gefragt
Es war ein regnerischer Tag
Man nahm den Papa einfach mit
Steuerbetrug
Zu viel vom Glück

Sie hielt ihm stets den Rücken frei
Doch er sah nur das Geld dabei
Im Knast gestand er ihr stupid
Dass er schon längst 'ne Andere liebt

Da stand sie nun, allein und arm
An diesem Morgen, der nicht warm
Das letzte Geld war schnell verbraucht
Sie trank nie Schnaps, hat nie geraucht

Beim Einkauf dann im Laden-Eck
War ungedeckt der letzte Scheck
Der letzte Groschen blieb für Brot
Kredit und Konto: alles tot!

Total am Ende und zerstört
Schien ihr das Leben nichts mehr wert
Auf einer Brücke stand sie da
Und wusste nicht mehr, was geschah

Dort unten in dem tiefen Fluss
Schien ihr des Lebens letzter Gruß
Sie wollte springen – setzte an
Da hielt sie fest ein starker Mann

Er zog sie auf den Weg zurück
Und fragte leis: *Ist das dein Glück*
Sie zitterte am ganzen Leib
Und Tränen tropften auf ihr Kleid

Die beiden fuhren heim zu ihr
Es war um Drei, vielleicht um Vier
Längst schliefen ihre Kinder tief
In jener Nacht, die krumm und schief

Der Mann blieb bei ihr, half ihr viel
Zunächst war's schwer und gar kein Spiel
Doch irgendwann ging's aufwärts doch
Sie kämpfte sich aus diesem Loch

Bald zogen sie zu ihm ins Haus
Hier sah es ruhig und friedlich aus
Die Kinder liebten diesen Mann
Der neue Papa war's sodann

Am End' bekam sie einen Job
Verdiente wieder, dankte Gott
Ein neues Leben nun begann
Mit ihren Kindern und dem Mann

Da klingelte es in der Nacht
Sie schlich zur Tür sich ziemlich sacht
Ihr Ehemann kam aus dem Knast
Und meinte, dass er viel verpasst

Lang schaute sie ihn schweigend an
War da noch Liebe zu dem Mann
Sie sagte „Nein" und schloss die Tür
Und es war morgens
Gegen Vier

Gedanke

Nichts ist für die Ewigkeit
Keine Güter nicht
Kein Glück
Überall bleibt letztlich Leid
Jugend gibt es nie zurück

Liebe schlägt im Herzen tief
Und sie bleibt bis an den Tod
Wenn das Dasein krumm und schief
Bleibt dir doch ein Morgenrot

Gib die Hoffnung nur nicht auf
Manchmal ist sie winzig klein
Nimm die Schmerzen stets in Kauf
Du wirst nie zufrieden sein

Trauer, Tränen – lass es zu
Schlage um dich
Das macht frei
Lass dem Denken niemals Ruh
Nein, kein Weg ist einerlei

Du, nur du bist Ewigkeit
Denn zu Gott gehst du zurück
Nur bei ihm steht still die Zeit
Nur bei ihm hast du dein Glück

Besuch

Der Regen rieselt durch die Äste
Wart auf dem Friedhof ganz allein
Gedanken um des Lebens Reste
Stelln kühl in meinem Kopf sich ein

Hier ist's so ruhig, endlose Stille
Nur Regen fällt auf manches Grab
So endgültig
Ein letzter Wille
Hier, wo man nichts zu sagen wagt

Da giert und jagt man durch die Zeiten
Da jammert man und will noch mehr
Und spürt nicht, wie die Jahr' enteilen
Wie alt man wird und schwach und leer

Die Jugend ist nicht festzuhalten
Der Reichtum nicht und nicht das Gut
Nichts ist auf Ewig aufzuhalten,
Weil irgendwann erstarrt das Blut

So will ich Einhalt mir gebieten
Denn viel zu schnell komm ich hierher
Sollt wieder neu mein Leben lieben
Sollt Lieder singen
Und noch mehr

Der Regen rieselt durchs Geäste
Und dunkel wird's im Friedhofshain
Was tu ich mit des Lebens Reste
Schlag hoch den Kragen und geh heim

Lockdown-Song

(Dunkles Licht)

Das dunkle Licht im Restaurant
Es blendet sie
Sekundenlang
Gleich ist es Zwölf
Gleich ist es aus
Gleich kennt sie weder Mann noch Maus
Noch sitzt sie auf der Gästebank

Die Pandemie war viel zu lang
Im dunklen Licht
Im Restaurant
Man sprach von Hilfen,
Die so groß
Man sprach von Geld
Gar uferlos
Doch fühlt sie sich so einsam,
Krank

Corona-Lockdown – ewig bang
Im dunklen Licht
Schon wochenlang
Das Geld kam nicht
Jetzt ist es aus
Gleich ists nach Zwölf
So siehts jetzt aus
Und einsam wird's im Restaurant

Sie schaut sich um
Im Restaurant
Kein Mensch ist da
Die Welt ist krank
Sie hatte doch Konzepte live
Doch schienen die nicht gut,
Nicht reif
Viel dunkles Licht im ganzen Land

Manch dunkles Licht
Facht grellen Brand
Macht tot wohl jedes Restaurant
Sie wartet noch
Auf helles Licht
Im Lockdown doch gibt's so was nicht
Da fährt wohl jeder an die Wand

Gleich ist es Eins
Welch eine Schand
Und dunkles Licht
Im Restaurant
Leis steht sie auf und geht hinaus
Schließt alles zu
Für Mann und Maus
Und dunkel wards in unserm Land

Zeit

Die Zeit lässt stetig uns zurück
Sie schlägt uns nieder,
Gnadenlos
Doch geht sie weiter Stück um Stück
Sie schiebt uns vorwärts,
Auch zurück
Sie trägt uns doch in ihrem Schoß

Sie klärt nicht auf und ordnet nicht
Sie trennt uns Menschen einfach so
Sie schaut nur zu,
Wenn was zerbricht
Ist gnadenlos und rettet nicht
Sie macht uns traurig
Manchmal froh

Doch ist sie auch der Ruhe gleich
Und lässt uns Raum zum Neubeginn
Sie macht manch´ Träume groß und reich
Sie bleibt wohl ewig glatt und gleich
Nur wir verleihen ihr den Sinn

Sie gibt uns eine neue Chance
Denn sie ist da und bleibt nie stehn
Sie gibt dem Leben die Balance
Wir brauchen sie
Und eine Chance
Die Zeit lässt Altes bald vergehn

So freu ich mich als Kind der Zeit
Dass ich es selbst entscheiden kann
Ich zieh durch Glück
Flieh durch manch´ Leid
Ich zieh gelassen durch die Zeit
Ich pack mein Leben,
Irgendwann

Alte Frau

Sie denkt sehr selten nur an Morgen
Die alte Frau ist ohne Sorgen
Sitzt auf der Bank, vorm Haus, im Tal
Und es ist Frühling
Wieder mal

Im Sommer ziehts die Frau zum Garten
Sie will jetzt nicht mehr länger warten
Die Rosen und die Nelken blühn
Sie will nochmal im Tanz sich drehn

Der Herbst zieht ein,
Die Blätter fallen
Auch Vogelstimmen kaum noch hallen
Die alte Frau ruht sich nun aus
Und Nebel wabern um ihr Haus

Die alte Frau ist alt geworden
Und jenes Jahr scheint fast gestorben
Der Winter längst am Fenster leckt
Die Bank vorm Haus
Von Schnee bedeckt

Letzte Minute

Er hielt die Waffe unters Kinn
Es war sein Kopf, der flog gleich weg
Wo blieb des Lebens rechter Sinn
Es war nur Scheiße,
Kein Gewinn
Es war ein Haufen Gülle,
Dreck

Die Arbeit war schon lange fort
Kein Geld, kein Stückchen Leben mehr
Was für ein allerletzter Ort
Ganz ohne Hoffnung,
Ohne Wort
Und alle Tage öd und leer

Noch einmal schaute er sich um
Die alte Bude
Miefig, kalt
Vorhin saß er im Amte rum
Man hielt ihn wohl für ziemlich dumm
Gern ging er wandern tief im
Wald

Er fühlte das Metall vom Colt
Es fühlte sich entschlossen an
Dies Leben hat er nie gewollt
Obwohl der Rubel nie gerollt,
War er ein Mensch doch
Und ein
Mann

Gleich ist das alles endlich aus
Gleich drückt er ab
Gleich ists vorbei
Ein Mieter weniger im Haus
Und unterm Schrank piepst eine Maus
Und keiner hört den stummen Schrei

Er drückte ab
Es knallte nicht
Es war die Stunde „Null" für ihn
Durchs Fenster fiel ein Sonnenlicht
Im Spiegel noch sein Angesicht
Vielleicht gabs doch noch einen Sinn

Ab jetzt begann sein Leben neu
Er zog sich an und zog weit fort
Er hatte keine falsche Scheu
Nie wieder dumm und kalt und treu
Die weite Welt
Sein bester Ort

Eine Frau

Wieder mal den Weg zum Amte
Stolpert sie so gegen Sechs
Noch ist sie die Unbekannte
Stolpert schnell den Weg zum Amte
Das liegt vor ihr links
Dann rechts

Brötchen, Kaffee, diesen lauen
Ein Gespräch kurz auf dem Gang
In die Unterlagen schauen
Wie viel werden sich heut trauen
Und die Zeit scheint ewig lang

Auf dem Stuhl, dem harten, kalten
Nimmt sie Platz, schaut hin und her
Menschen muss sie hier verwalten
Jenen Tag mit Sinn gestalten
Und manch Schicksal wiegt so schwer

Schon kommt rein der erste Kunde
Der sucht Arbeit
Oder nicht
Ziellos starrt er in die Runde
In der Seel klafft ihm 'ne Wunde
Angst sitzt tief ihm im Gesicht

Wut und Hoffnung muss sie kennen
Manchmal Härte auch
Und Mut
Nein, es bleibt kaum Zeit zum Flennen
Manchmal nachts ist Zeit zum Pennen
Oftmals glüht noch Arbeitswut

Ja, sie weiß, man liebt sie selten
An dem Ort, wo gar nichts gleich
Jenes Amt der tausend Welten
Wo manch' Regeln kaum noch gelten
Hier wird niemand wirklich reich

Wenn die Kunden dann gegangen
Ordnet sie den Aktenberg
Hier, wo manches unverstanden
Wo sich niemals Menschen fanden
Schaut sie plötzlich recht verklärt

Packt die Tasche und hält inne
Ob sich das mal ändern wird
An der Decke eine Spinne
Leis tropft Regen aus der Rinne
Alles scheint total verkehrt

Sollt sie wirklich einsam bleiben
Haus und Auto
All dies Zeug
Kommen auch mal bessre Zeiten
Ohne Klar- und Ebenheiten
Ohne künstlich-glatter Freud

Doch dann wischt sie sich die Augen
Aus der Haut kommt sie nicht raus
Dieser Traum vom Meer, dem blauen
Schon versunken
Kaum zu glauben
Schnell trinkt sie den Kaffee aus

Stumm nimmt sie vom Eisenhaken
Ihren Mantel
Ihren Schal
Zwischen Mondlicht, Mücken, Schnaken
Wird sie durch den Regen waten
Morgen früh
Und wieder mal

Späte Heimkehr

Es steht ein Haus am Waldesrande
Und es fällt Schnee so weiß und sacht
Gar friedlich liegt dies deutsche Lande
Gar friedlich ist der Tag, die Nacht

Ihr Name ist Frau Martha Krause
Ihr Mann, der Kurt, zog in den Krieg
Nie kam er von der Front nach Hause
Und Martha hofft lang auf den Sieg

So viele Jahre sind vergangen
Der Krieg, das Sterben
Alles aus
Sie hat mit Kurt sich gut verstanden
Vor langer Zeit in diesem Haus

Sie steht am Fenster, schaut zum Walde
Ob Kurt den Weg zum Haus noch find
Er wird wohl kommen,
Ziemlich balde
Und in den Bäumen spielt der Wind

Der Schnee türmt auf sich um das Häuschen
Und Martha wird es ziemlich flau
Vorm Ofen piepst ein kleines Mäuschen
Und draußen wird es kalt und grau

Da stapft durchs wüste Schneegestöber
Ein junger Mann bis vor das Haus
In Uniform und Stiefelleder
Schaut er wie ein Soldat wohl aus

Er starrt zum Fenster und zu Martha
Die schiebt leis die Gardine fort
Sie hat wohl Tränen unterm Haar,
Ja
Und beide sprechen nicht ein Wort

Sie nimmt die Feldpostbriefe an sich
Die von der Front ihr Kurt einst schrieb
Und fühlt sich leicht und gar nicht grantig
Und hat den Kurt noch immer lieb

Sie geht hinaus zu jenem Manne
Der küsst sie sacht auf ihre Stirn
Ein Schneesturm tobt durchs deutsche Lande
Und kann doch gar nichts mehr zerstörn

Die beiden stapfen bis zum Walde
Und Schnee hüllt sie wien Schleier ein
Kurt war gekommen,
Ziemlich balde
Und beide wollen endlich heim

Es wacht ein Haus am Waldesrande
Und es fällt Schnee so weich und sacht
Und friedlich ists im deutschen Lande
Und Martha hat sich aufgemacht

Der Arzt

Wohl seine Welt,
Die dunkel, öde
Er zieht hinaus
Man sieht ihn nicht
Er hat auch Geld
Und er spielt Flöte
Er ist sehr schlau
Ist gar nicht blöde
Er hat ein biederes Gesicht

Ja, er ist Arzt
Ein ziemlich guter
Doch in der Nacht
Zieht er hinaus
Am Tage mit Elektroscooter
Da ist er toll,
Ein richtig Guter
Doch in der Nacht
Die böse Maus

Da sticht er zu
Gar schrill die Schreie
Warum nur ist er so
Und so
Am Morgen gibt's nur Weizenkleie
Des Nachts gibt's Tod bis gegen Dreie
Und jeder kennt ihn nett,
Nicht roh

Er hilft den Menschen,
Jenen kranken
Er hilft so viel, so oft,
So gern
Doch nachts,
Da kennt er keine Schranken
Da scheint sein Leben arg zu
Wanken
Ist seine Menschlichkeit zu fern

Doch eines nachts,
Ein Mond scheint trübe
Da hält er's so nicht länger aus
Ganz ohne Hoffnung,
Ohne Liebe
Nur diese schrecklich bösen
Triebe
Da braucht man Geld nicht
Und kein Haus

Und er springt
Von den hohen Klippen
Ganz tief hinab
Ins Meer, ins Grab
So starr, so blau nun seine Lippen
So schnell zerbrochen Herz und Rippen
Dort, wo einst niemals Hoffnung lag
(?)

Fort, nur fort

Ich sah so viele schwarze Teufel hilflos schreien
So viele gingen einfach fort,
Weit fort
So viele wollten hier in diesem Dreck nicht bleiben
Auf dieser kalten Welt,
Dem eisigkalten Ort

Noch bin ich hier im trüben „Hier" geblieben
Ich wollte doch so gerne weg,
Weit weg
Mich hats wohl stets hierher zurückgetrieben
An jenen dreckig, stinkend,
Kahlen Fleck

Ich sah so viel Idioten, die so dumm
Oft kam ich aus dem Kotzen
Nicht mehr raus
Und immer wieder stand ich dämlich nur herum
Und kam mit meiner blöden Umwelt
Kaum noch aus

Was mich hier hielt, das war der sichere Mutterschoß
Doch irgendwann,
Da zogs mich richtig fort
Da fragt´ ich nicht mehr:
Ach, was mach ich bloß
Da zog ich weiter in die Welt
Zu einem richtig tollen Ort

Am Straßenrand

Ein dunkles Kreuz am Straßenrand
Ich fahr vorbei
Es regnet leicht
Die Dämmerung zieht übers Land
Ein mahnend' Kreuz am Straßenrand
Der Weg ist schmal
Und ziemlich seicht

Ich halte an und steige aus
Kein Mensch,
Kein Auto fährt vorbei
Vorm Kreuze wacht 'ne Stofftiermaus
Ansonsten sieht's recht einsam aus
Ein Wind weht welkes Laub herbei

Ich lese jene Worte dort
Man ritzte sie ins Holze ein
Was für ein schicksalhafter Ort
Der Regen wischt manch' Träne fort
Wer mochte wohl der Junge sein

Er war so achtzehn Jahre jung
Er hatte sicher manchen Traum
In jener Kurve mit viel Schwung
Blieb er nur achtzehn Jahre jung
Blieb er zurück am Straßensaum

Ich streiche übers Kreuz ganz sacht
Es ist vom Regen nass und rau
Die Uhr zeigt abends gegen Acht
Sehr lange hab ich nachgedacht
Aus seinem Tod werd ich nicht schlau

Als ich zurück zum Auto geh,
Glaub ich, es winkt mir jemand zu
Noch einmal ich zum Kreuze seh
Und wieder tut's im Herzen weh
Und überall ist's trüb,
Ist Ruh

Ein kleines Kreuz am Straßenrand
Ich fahr davon
Es regnet stark
Ich hab den Jungen nicht gekannt
Nur blieb sein Kreuz am Straßenrand
Ich hatte eine gute Fahrt

Und das Grauen keift behände
Seine Teufels-Melodie
Starrst du auf die schwarzen Wände
Glaubst du, dass sich Gutes fände
Doch das Gute gibt's hier nie

Alte haben wenig Lobby
Sind für Viele Opfer nur
Suchst für sie du Hilfe,
Sorry
Wirst du schlapp und träge,
Groggy
Dann regiert die harte Tour

Pflege-Dienste gibt es viele
Doch seriös sind wenig,
Ach
Siehst du deren üble Spiele
Kommst du niemals an dein Ziele
Selten gibt's ein festes Dach

Das Grauen

Und sie schreien
Und sie keifen
Und sie blaffen alle an
Wenn sie wie die Hunde beißen
Wenn sie zu den Alten streifen
Fühln sie sich wie Supermann

Und sie pöbeln durch die Lande
Alte Leute sind ihr Ziel
Diese rüde Schlägerbande
Für die Branche eine Schande
Alte Leut': Ihr böses Spiel

Niemand kann sich widersetzen
Sie sind jenseitig vom Recht
Denn sie können dich verletzen
Dich verleumden
Tot dich schwätzen
Sie sind aggressiv und schlecht

Lass sie nicht in deine Nähe
Schick sie ganz weit fort von dir
Alte Menschen brauchen Pflege
Brauchen Liebe, Kraft und Hege
Nicht solch Mob,
Solch Schmach und Gier

Du musst ziemlich lange suchen
Nach dem Dienst, der wirklich gut
Lass die Bösen schimpfen,
Fluchen
Musst sehr laut nach Hilfe rufen
Altenhilfe braucht viel Mut

Lass dein Herz nach Güte spüren
Deine Eltern sind es wert
Lass dich nicht vom Hass verführen
Manchen „Dienst" musst du verlieren
Dann wird's endlich unbeschwert

Wut

Ich schlag dich tot
Hast du gebrüllt
Die Luft wird dünn und du willst raus
Dein Kopf von Wut und Hass erfüllt
Und keiner da,
Der all das stillt
Du schließt dich ein in deinem Haus

Du prügelst dich durch deine Zeit
Schon atemlos kriechst du umher
Von keinem Zwang bist du befreit
Du fühlst dich dämlich,
Kaum gescheit
Und Gottes Glaube fällt dir schwer

Nicht einen Schritt kommst du voran
Und deine Nachbarn grinsen blöd
Fürwahr,
Du bist kein Supermann
Der Teufel schickt dir Hohn und
Gram
Dein Lachen scheint vom Wind verweht

Dein Glück rinnt dir flugs durch die Hand
Du hältst es nicht,
Lang ist es fort
Mit deinem Kopf geht's durch die Wand
Und deine Wünsche sind wie Sand
Da, wo du bist,
Ein dunkler Ort

Wie kommst du aus der Scheiße raus
Dir fehlt ein Rat,
Ein rechter Weg
Du bist doch keine graue Maus
Und alles sieht nicht furchtbar aus
Und alle Leute sind nicht schräg

Mach eine Pause,
Atme tief
Und schau nach dem, was du geschafft
Vertreib Dämonen,
Üblen Mief
Und lass dir Zeit,
Dann geht's nicht schief
Auch wenn der Teufel hässlich
Gafft

Du bist doch stark
Beinah gesund
Hör auf dein Herz,
Es liebt nur dich
Ist deine Seel auch traurig,
Wund
Für dich kommt bald die große Stund
Die Hoffnung lebt
Besinne dich